★ 시작하기 전에

나는 행복하다가 I'm happy,
나는 행복하지 않다가 I'm not happy.인 것과
너는 행복하다가 You're happy.
너는 행복하지 않다가 You're not happy.임을
가르쳐주고 하루~일주일간 반복해서 가르쳐주세요.

예시) 나는 행복하다는?
　　　I'm happy. (아임 해피)
　　　나는 행복하지 않다는?
　　　I'm not happy. (아임 낟 해피)

함께 고생한 딸
루나에게 감사드립니다

책을 집필할 수 있도록
다 하물 봐주신 부모님과
어린이집 선생님들께 감사드립니다

3단~6단, 8단을 충분히 익히지 않고
9단을 나가면 어려울 수 있습니다.

²나는 행복하다는?

be동사/be동사 부정문　　　　be동사 부정문　　　　현재진행/현재진행 부정문　　　　일반동사/일반동사 부정문

⁴나는 행복하지 않다는?

be동사(여기에서는 am) 다음에 not을 쓰면 '아니라는' 말이야.

1 '늙은'이 뭐였지? (old)
2 '나는 늙었다'는? (I'm old)

³너희들은 늙었다는?

'너'도 you이고 '너희들'도 you야.

 be동사/be동사 부정문　　　be동사 부정문　　　현재진행/현재진행 부정문　　　일반동사/일반동사 부정문

⁵ 너희들은 늙지 않았다는?

be동사(여기에서는 are) 다음에 not을 쓰면 '아니다'라는 말이야.

잊지 못할 추억! 아이의 자존감 상승! 사진이 들어간 책 선물까지!
자녀의 사진을 보내주시면 <아빠표 영어 구구단 9단:부정문>의
2쇄 또는 3쇄/4쇄 제작 시 7페이지에 넣어드립니다.
선착순 4~64명, 이벤트 참여 주소: **goo.gl/g5ts1k**

You're not old.

³그녀는 나쁘다는?

 be동사/be동사 부정문　　　be동사 부정문　　　현재진행/현재진행 부정문　　　일반동사/일반동사 부정문

⁵ 그녀는 나쁘지 않다는?

be동사(여기에서는 is) 다음에 not을 쓰면 '아니다'라는 말이야.

She's not bad.

1 '개(강아지)'가 뭐였지? (dog)
2 '그것은 한 개이다'는? (It's a dog)

³그것은 한 개(강아지)가 아니다는?

3 그 늑대는 작지 않다는?

대명사가 아닌 일반명사(wolf)는 wolf is를 줄여서 wolf's로 잘 쓰지 않아. 그렇게 쓰면 주로 '늑대의'를 의미해서 뜻을 혼동할 수 있거든.

The wolf is not small.

1 '충분한'은 enough야. '그것은 충분하다'는? (It's enough)
2 '그것은 충분하지 않다'는? (It's not enough)

³그 음식은 충분하지 않다는?

 be동사/be동사 부정문　　　be동사 부정문　　　현재진행/현재진행 부정문　　　일반동사/일반동사 부정문

³그 소녀는 준비되지 않는다는?

1 '읽다'가 read면 '읽는 중이다'는? (reading)
2 '그것은 읽는 중이다'는? (It's reading)

³그것은 한 책을 읽는 중이다는?

   be동사/be동사 부정문   be동사 부정문   현재진행/현재진행 부정문   일반동사/일반동사 부정문

⁴그것은 한 책을 읽는 중이 아니다는?

1 '나는 준다'가 뭐였지? (I give)
2 '열쇠'가 key면 '한 열쇠'는? (a key)

3나는 한 열쇠를 준다는?

I give a key.

 be동사/be동사 부정문   be동사 부정문   현재진행/현재진행 부정문   일반동사/일반동사 부정문

⁵나는 한 열쇠를 주지 않는다는?

행동과 관련된 말은, 그 말(동사, 여기에서는 give) 앞에 do not을 쓰면 하지 않는다(주지 않는다)가 돼. do not을 줄여서 don't로 쓸 수 있어.

1 '나는 좋아한다'가 뭐였지? (I like)
2 '파란색'은 blue야. '파란색'이 뭐라고? (blue)

³나는 파란색을 좋아한다는?

 be동사/be동사 부정문　　　　be동사 부정문　　　　현재진행/현재진행 부정문　　　　일반동사/일반동사 부정문

⁴나는 파란색을 좋아하지 않는다는?

like는 상태와 관련된 말 같지만, 영어에서는 '행동'으로 분류해. 그래서 I'm not like가 아니라 I don't like가 맞아.

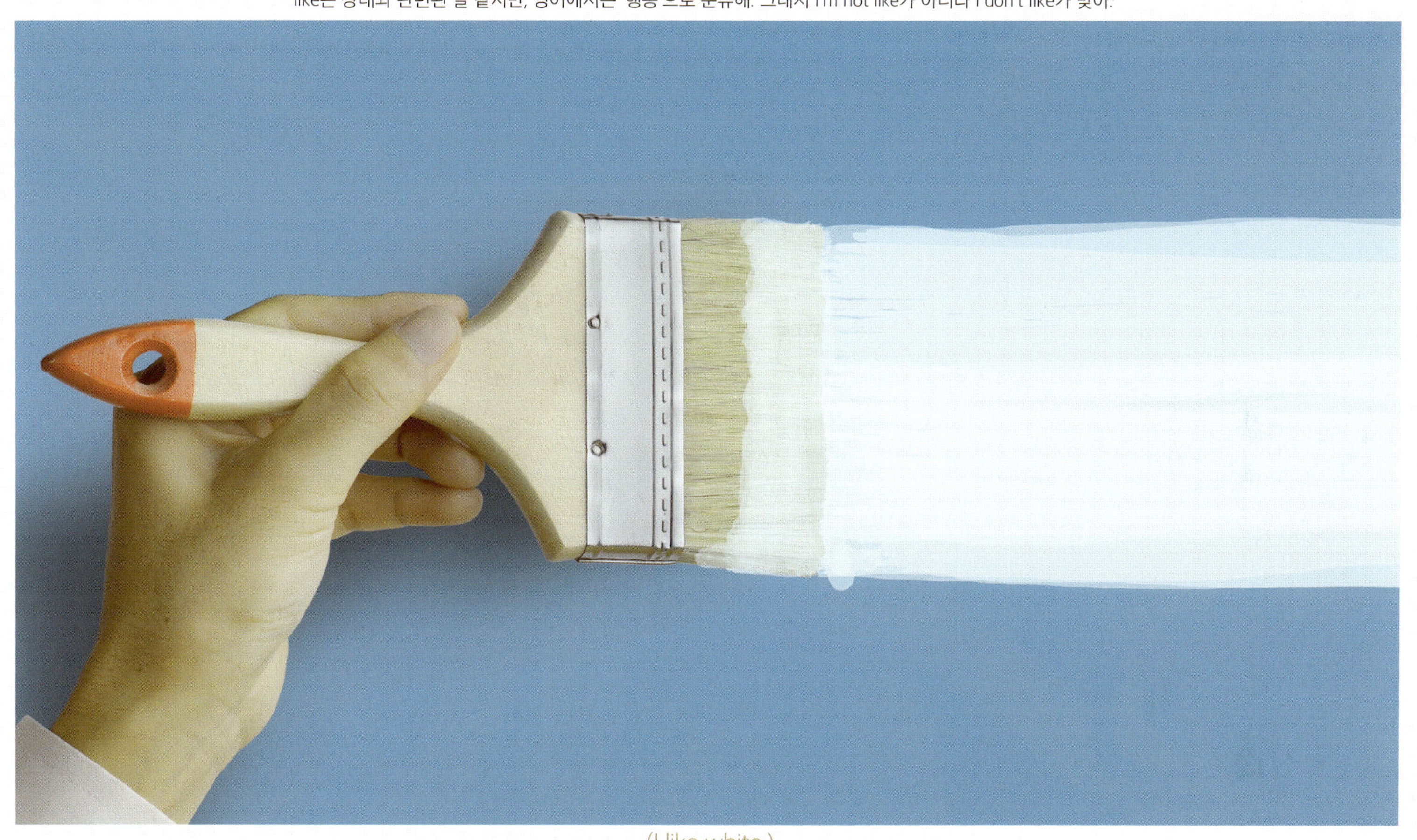

1 '우리는 좋아한다'는? (We like)
2 '우리 자신을(스스로를)'은 ourselves라고해. '우리 자신을'이 뭐라고? (ourselves)

3 우리는 우리 자신을 좋아한다는?

 be동사/be동사 부정문　　　be동사 부정문　　　현재진행/현재진행 부정문　　　일반동사/일반동사 부정문

⁵그들은 그들 자신을 좋아하지 않는다는?

1 '나는 좋아한다'는? (I like)
2 '돌'이 뭐였지? (rock)

³나는 돌들을 좋아한다는?

I like rocks.

 be동사/be동사 부정문　　　　be동사 부정문　　　　현재진행/현재진행 부정문　　　　일반동사/일반동사 부정문

⁵ 그는 돌들을 좋아하지 않는다는?

he, she, it 등 나와 너를 제외한 '한 개'일 때는 like 대신 likes를 쓰는데, 마찬가지로 '아니다'는 don't 대신 doesn't를 쓰고, do에 s(정확히는 es)가 있으니까 like에는 s를 붙이지 않아.

He doesn't like rocks.

1 '나는 가진다'는? (I have)
2 '팔'이 뭐였지? (arm)

³나는 팔들을 가진다는?

I have arms.

 be동사/be동사 부정문　　　be동사 부정문　　　현재진행/현재진행 부정문　　　일반동사/일반동사 부정문

⁵그녀는 팔들을 가지지 않는다는?

he, she, it 등 나와 너를 제외한 '한 개'일 때는 have 대신 has를 쓰는데, 마찬가지로 '아니다'는 don't 대신 doesn't를 쓰고, do에 s(정확히는es)가 있으니까 has 대신 have를 써.

She doesn't have arms.

1 '그녀는 말할 것이다'는? (She will say)
2 '그녀는 말하지 않을 것이다'는? (She will not say)
3 무엇인지 '명확히 모르는 어떤 것'은 anything이야. '어떤 것'이 뭐라고? (anything)

⁴그녀는 어떤 것도 말하지 않을 것이다는?

do에 not을 붙인 것처럼 will에 not을 붙이면 돼. 줄여서 won't로 쓸 수 있어. 그리고 '(우)오운(ㅌ)'로 읽어. won't가 어렵다면 will not을 써도 좋아.

be동사/be동사 부정문　　　be동사 부정문　　　현재진행/현재진행 부정문　　　일반동사/일반동사 부정문

⁴그는 나의 것을 내지 않을 것이다는?

He won't pay mine.

1 '너는 마실 수 있다'는? (You can drink)
2 '너는 그것을 마실 수 있다'는? (You can drink it)

³너는 그것을 마실 수 없다는?

do에 not을 붙인 것처럼 can에 not을 붙이면 돼. 줄여서 can't로 쓸 수 있어.

be동사/be동사 부정문　　　be동사 부정문　　　현재진행/현재진행 부정문　　　일반동사/일반동사 부정문

그 얼룩말은 펄쩍 뛸 수 없다는?

The zebra can't jump.

1 '그는 부자이다'는? (He's rich)
2 '그는 부자가 아니다'는? (He's not rich)

³그는 부자일 수 없다는?

He can't be rich.

 be동사/be동사 부정문   be동사 부정문   현재진행/현재진행 부정문   일반동사/일반동사 부정문